À Monsieur Rippault,
De la part des: resp: ... auteur
De cet Éloge ——

ÉLOGE HISTORIQUE

DE SA MAJESTÉ

L'EMPEREUR DES FRANÇAIS,

NAPOLÉON I.er,

Par M. CLEMENT-DUMETZ, Directeur
d'une des Écoles secondaires d'Amiens,
de la Société d'Emulation de la même
Ville ; prononcé le 20 Fructidor an 12,
jour de la Distribution des Prix, par
M. CLEMENT-DUMETZ Fils, âgé de
neuf ans et demi.

———◆———

AVIS DE L'AUTEUR.

Cet Éloge, très-susceptible de Notes étendues, n'en contient pas, parce qu'il rapporte des faits si connus, qu'ils sont sur les lèvres, et dans le cœur de tous les Français.

Si je suis assez heureux cependant, pour que cette légère production d'une ame entraînée par l'admiration et l'amour, prenne quelque faveur dans le Public, je m'occuperai de l'orner de remarques géographiques et historiques, capables de développer le vaste sujet que je traite, et de le transmettre ainsi à la postérité, qui a toujours besoin d'éclaircissemens.

A SA MAJESTÉ

L'Empereur des Français NAPOLÉON Ier.

SIRE,

L'ADMIRATION la plus profonde, a inspiré, la rédaction de cet Eloge, destiné à pénétrer la Jeunesse, des hauts faits et des vertus qui immortalisent Votre Majesté.

S'il est permis, Sire, à un fidèle Sujet de chercher l'occasion de se faire connaître de son Souverain, Votre Majesté ne sera pas surprise, d'un hommage si naturel.

Puisse-t-il être agréé par la bonté, encouragé par le génie ! La reconnaissance et l'amour, sont l'ame du dévouement, et du respect sans bornes, avec lesquels je suis,

SIRE,

De Votre Majesté,

Le très-humble et très-obéissant Serviteur et fidèle Sujet,

CLÉMENT-DUMETZ,
Directeur d'Ecole Secondaire à Amiens.

ÉLOGE HISTORIQUE

DE SA MAJESTÉ
L'EMPEREUR DES FRANÇAIS,
NAPOLÉON I.er,

Par M. Clement-Dumetz, Directeur d'une des Écoles secondaires d'Amiens, de la Société d'Emulation de la même Ville ; prononcé le 20 Fructidor an 12, jour de la Distribution des Prix, par M. Clement-Dumetz Fils, âgé de neuf ans et demi.

« Un siècle, disent-ils, recommence son cours,
» Qui doit de l'âge d'or nous ramener les jours :
» Déjà descend du ciel une race nouvelle,
» La terre va reprendre une face plus belle,
» Tout y deviendra pur, et ses premiers forfaits,
» S'il en reste, seront effacés pour jamais. » Rac.

MM.

Vous serez peut-être surpris qu'un jeune Enfant ose entreprendre, devant vous, l'Eloge historique du plus grand homme du siècle.

Mais, à mon âge, on est facilement l'écho de

ce qui nous environne : la gloire de BONAPARTE pénètre tellement toutes les ames , évertue telle- ment tous les esprits , qu'elle est l'objet des sen- timens de ses contemporains , le sujet de leurs conversations.

Vous n'ignorez pas , MM. que les actions des hommes aussi illustres sont présentées comme des modèles dans les Maisons d'Education : elles sont nécessairement la partie la plus brillante de la morale mise en action , qui nourrit chaque jour nos âmes , si disposées à des conceptions géné- reuses , si préparées par la nature à d'heureuses habitudes.

Quand on nous fait jetter des regards avides et curieux sur les hommes les plus étonnans des peuples anciens , quand on nous les fait fixer sur les modernes qui ont mérité une place distinguée dans le Temple de l'Immortalité , nous ne trou- vons nulle part de Sage plus digne de nos éloges, de Héros plus justement admirable que Sa Majesté l'auguste Empereur, qui a conquis le trône écla- tant des Français , plus par l'ascendant si naturel de ses vertus civiles et de son génie universel, que par celui de ses victoires , si mémorables cependant , si illustres , je dirai même si incroya- bles qu'elles surpassent la renommée des triomphes remportés jusqu'à présent par les vainqueurs , à qui nous consacrons les hommages les plus so- lemnels.

Daignez , MM. , encourager par votre indul-
gence ce faible essai de mes sentimens et de mon
émulation naissante.

⸺⸺ ❦ ⸺⸺

L'Ecole Royale-Militaire réunissait , sous la
Monarchie , une quantité considérable de jeunes
gens , choisis parmi la Noblesse de la Capitale et
des Provinces.

Cette circonstance seule prouve que Napoléon
Bonaparte sort d'une famille distinguée , puisqu'il a été admis dans cette Maison célèbre , la
preuve la plus durable de l'amour de Louis XV,
pour ses sujets.

S'il est un âge où l'influence de ce qui nous
entoure exerce un empire puissant, c'est pendant
l'enfance et la jeunesse. Le ton de magnificence
et de grandeur qui fait de l'Ecole Militaire un
monument superbe , l'excellence des Maîtres qui
y présidaient à l'éducation choisie des Elèves ,
les exercices qui y développaient les premiers ger-
mes de courage , tout concourut à donner à l'ame
de Napoléon cette dignité, qui s'emparant d'abord
des premières facultés de l'esprit , se marie nécessairement ensuite avec toutes les actions de la
vie.

Vous le savez, MM., on ne se livrait point
sous l'ancien régime , à des études uniquement
frivoles ou seulement à un commencement d'in-

struction solide. L'enfance préparait à la jeunesse des élémens certains et invariables. La jeunesse ajoutait chaque jour à ses idées par de nouveaux travaux qu'une sage lenteur rendait progressivement utile. L'âge des passions naissantes était aussi l'âge de l'instruction la plus agréable et la plus séduisante. L'esprit disputait au cœur la conquête des premières émotions : aussi les jeunes gens de ces temps fortunés joignaient à une conversation nourrie des sucs les plus purs de la Littérature, des Sciences et des Arts, une âme élevée, qui les disposait aux bonnes actions et aux grandes choses.

C'est sous de pareils auspices que BONAPARTE quitta le berceau brillant de son existence sociale, admis dans le Corps instruit de l'Artillerie, il eut bientôt occasion d'exercer son génie sur les événemens d'une Révolution qui, en se précipitant sur la France abandonnée au soufle de la destruction, inspirait à l'esprit méditatif les réflexions les plus multipliées.

Le Département de la Vendée, offrait le spectacle le plus lamentable ; une guerre civile excitée par les intérêts religieux ensanglantait son sol si difficile à parcourir, et si propre aux insidieuses embuscades des traîtres.

Les Anglais sur un autre point de la France, faisaient le siège de Toulon en 1792, lorsqu'on y envoya BONAPARTE à la tête d'une compagnie d'artillerie. Ses savantes combinaisons militaires contribuèrent tant à la réduction de cette Ville importante, qu'il fut nommé de suite Général de brigade ; heureux, et mille fois heureux les Représentans qui rendirent les premiers justice au génie sublime, qui ne manqua jamais aux occasions.

Lorsque l'année suivante, il fut injustement soupçonné, injustement arrêté à Nice, il répondit à ses ennemis pas les preuves nombreuses de la pureté de ses sentimens ; ses papiers et ses corpondances, attestèrent également son honneur, son amour éclairé pour la patrie, et son application constante à l'art malheureusement nécessaire des combats.

Il le développa d'une manière utile à la Convention dans la fameuse journée du 13 Vendémiaire, il y soutint vigoureusement son autorité, qui était alors le seul point de ralliement du pouvoir.

Apprécié et récompensé par lui, l'Armée d'Italie ne fut pas long-temps sans l'admirer, comme l'auteur extraordinaire de ses destinées immortelles.

Effectivement les Généraux les plus expérimentés de l'Allemagne, cédent successivement au bras vainqueur de BONAPARTE. *Vurmser, d'Alvinzi , Davidowich , Beaulieu ,* sont vaincus dans différens combats, qui publient hautement les miracles du Héros qui les dirigea.

Je ne vous les citerai pas en détail, je serais obligé de parcourir géographiquement toutes les contrées de l'Italie ; je serais obligé de vous rappeller le nom des places fortes les plus redoutatables ; j'entrerais dans des faits historiques, qui n'appartiennent point à la rapidité de cet Eloge, et je ne ferais que répéter ce que les membres de cette Assemblée savent , sans pouvoir jamais l'oublier , puisqu'ils sont français et reconnoissans.

Mais si BONAPARTE sait imprimer aux combats, la double direction d'une intelligence surprenante , et d'une valeur sans bornes , il sait aussi conclure des traités de paix , fondés sur la politique la plus profonde.

Lisez ceux qui réconcilient la Sardaigne avec la France, l'état Pontifical avec notre Gouvernement ; ceux qui donnent l'existence à la république Italienne ; qui attachent l'Allemagne, et son illustre Chef à nos intérêts ; ceux enfin, qui auraient dû faire sentir à l'Angleterre , la loyauté française , vous ne cesserez de remarquer les droits imprescriptibles de la justice, assurés par les vues de la prévoyance la plus étendue.

L'homme d'état le plus consommé , ne fait qu'un avec le Héros le plus recommandable.

Tel est Bonaparte, qui de l'Italie, brillant théâtre de sa gloire, s'élance avec art en Egypte, il fait en trois jours des conquêtes, que les Généraux les plus illustres ne purent dans des siècles guerriers et célèbres effectuer en plusieurs années.

L'Isle de Malthe soumise, facilita les victoires qui changèrent la face des choses en Egypte. Presque toujours un succès donne lieu à d'autres succès. Les Anglais et les Turcs éprouvèrent sur le sol brûlant de l'Afrique, que le Vainqueur de l'Europe, aidé de ses braves compagnons, était par-tout le même.

L'Europe. . . . . cette belle partie du monde, ne cessait d'intéresser la grande ame de Napoléon. Sa Patrie languissait, des vices nombreux d'administration, flétrissaient nos triomphes, attristaient nos phalanges, consolaient même nos enuemis de leurs défaites.

Bonaparte instruit de ces tristes vérités, pourvoie aux intérêts les plus pressans de l'Egypte, rendue aux lumières par la bénigne influence d'un Institut célèbre, et défendue par une armée de Héros.

Leur Chef s'en sépare avec douleur; mais il n'a pas oublié qu'il va en retrouver encore un plus grand nombre en France; il n'a pas oublié que la mère patrie, doit l'emporter sur des conquêtes...

Il part, il arrive, porté sur les aîles du bon-
heur; il est au milieu de nous; jette un vaste
regard autour de lui, et le 18 Brumaire s'opère.
L'heureuse alliance du courage et du génie, ins-
pire à NAPOLÉON, le dessein fortement conçu,
de terminer la Révolution.

La faiblesse et le crime l'avaient trop long-
temps prolongé, l'énergie et la vertu, devaient
la conduire au port.

Le cœur compâtissant de BONAPARTE, cicatrise
insensiblement les plaies de l'Etat. Les Français
expatriés par la crainte, chassés par l'injustice,
rentrent dans leurs foyers méconnaissables, et
bénissent le Consul bienfaisant, qui ne respire
que pour la consolation successive de son pays.

L'exercice de la Religion dominante suspendu,
avait allarmé les cœurs, aigri les esprits, BONA-
PARTE le rétablit, avec les formes qui en assurent
la durée.

Les Finances présentaient l'image du chaos,
résultat nécessaire des systêmes sans cesse renais-
sans sur cette partie ; l'éducation publique, était
anéantie, avec toutes les institutions qui la com-
mandent ; les Sciences et les Arts, moins aban-
donnés, suivaient cependant une mauvaise direction ; le Commerce flottait incertain au milieu
des écueils de la guerre et des écarts de l'inex-
périence ; la Justice se ressentait des passions in-

séparables d'une Révolution tumultueuse ; tout reçoit enfin du génie puissant de NAPOLÉON , ce mouvement fécond qui ranime, ressuscite et renouvelle.

Ajoutez à ces bienfaits multipliés , la paix décisive avec l'Empire , commandée par l'immortelle Victoire remportée dans les plaines de *Marengo* : que ce mot seul présente des réflexions à nos esprits !

BONAPARTE à cette époque mémorable était environné de toutes les jouissances attachées au pouvoir. Il les quitte subitement, pour s'exposer de nouveau , aux hasards périlleux des combats. Croyez-vous maintenant, Français, que NAPOLÉON vous chérissait.......... Sans sa présence à la tête des Armées, le Continent serait peut-être encore livré aux horreurs de la guerre la plus funeste.

Vous n'avez donc fait que lui marquer votre reconnaissance , lorsque vous l'avez nommé Consul à vie, vous n'avez fait que lui marquer votre reconnaissance , lorsque vous avez voulu , par un assentiment général, que son front glorieux soit ceint du diadême impérial.

Qui mieux que lui, en le soutenant par ses qualités et son génie, maintiendra la Nation dans le rang, qu'elle doit naturellement conserver.

La guerre a t-elle produit un plus illustre Général? La politique, un homme d'Etat plus consommé ? La renommée, un Héros plus justement considéré au-dedans et au-dehors ? La religion, un ami plus sage de son Culte antique et respectable ? L'économie publique, un administrateur plus actif et plus éclairé ? BONAPARTE est sorti de la tourmente de la Révolution, comme une Divinité bienfaisante, qui, en dissipant les vents et les ténèbres, à rétabli l'ordre, éclairé les esprits, réconcilié les cœurs.

Vous réunissez donc, immortel Empereur, tous les dons qui doivent consoler nos pères, de leurs trop longs malheurs, et procurer à leurs enfans, la félicité, pour laquelle nous avons fait jusqu'à vous, tant de sacrifices infructueux : vous réunissez toutes les qualités, pour régner sur un peuple orphelin, qui a besoin d'un père..........

Puisse le restaurateur des lettres, des mœurs et de la véritable gloire de la Nation Française, embellir long-temps le Trône qui lui a été élevé par l'admiration reconnaissante ! Heureuse, et mille fois heureuse, notre destinée, mes Camarades, si après avoir vécu sous l'empire brillant du juste NAPOLÉON, nous léguons à ceux qui nous succéderont l'amour sincère dont nous sommes tous pénétrés à l'envi pour son auguste personne ! Nous n'oublierons jamais que celui qui se sent né pour les grandes choses, s'en rend toujours digne par le courage et les vertus.